AF363703

LES TROIS DONDON

VAUDEVILLE EN UN ACTE

Par MM. DELACOUR et Lambert THIBOUST,

Représenté pour la première fois, à Paris, sur le théâtre du VAUDEVILLE, le 10 Juillet 1850.

PERSONNAGES.	ACTEURS.
COFFIGNARD, rentier..................................	MM. Delannoy.
SUREAU, pharmacien..............................	Schey.
RAPHAEL, commis-voyageur...........................	R. Luguet.
ROSETTE, fille de Coffignard........................	Mmes Clary.
DONDON, Cauchoise.................................	Ballagny.

La scène se passe chez Coffignard, à Paris, rue de Vendôme.

Le théâtre représente un ameublement simple, porte au fond ; deux portes à gauche ; à droite, une porte, et au premier plan, une fenêtre. Table.

SCÈNE PREMIÈRE.

ROSETTE, seule, près de la fenêtre.

Il y est encore... Est-il drôle, ce M. Sureau, l'apprenti pharmacien d'en face... il me fait des yeux... on dirait qu'il louche... Et sur le trottoir, ce jeune homme qui, depuis huit jours, me suit partout... Il m'a vue... il m'envoie des baisers... Oh ! par exemple !.. (*Elle quitte vivement la fenêtre, vient s'asseoir près de la table et prend une broderie.*) Sont-ils hardis, ces jeunes gens !.. moi, je n'oserais jamais envoyer des baisers à un homme...

COFFIGNARD, *en dehors.*

Rosette !..

ROSETTE.

Mon papa !

SCÈNE II.

ROSETTE, COFFIGNARD.

COFFIGNARD, *venant de la gauche*.

Ah ! tu travailles... bien, ma fille, tu pioches, tu suis l'exemple de ta mère..... feue madame Coffignard, mon épouse... En voilà une qui entendait le ménage... et le veau carottes... c'est vrai, ça... je ne peux pas manger de veau carottes sans penser à ma femme... Chaque fois que je me livre à cette nourriture lourde, le souvenir

* Ros. Cof.

de madame Coffignard m'escamote quelques larmes. (*Il tire son mouchoir de sa poche.*)

ROSETTE.

Ne pleurez pas, mon papa...

COFFIGNARD.

Je ne pleure pas... je me mouche... Pioche, ma fille...

ROSETTE.

Vous sortez, mon papa ?..

COFFIGNARD.

Comme tous les jours après mon dîner... Je vais au café Hainsselin... mais je rentrerai bientôt... car je n'ai pas oublié que c'est aujourd'hui qu'elle arrive...

ROSETTE.

Qui ça, mon papa ?

COFFIGNARD.

Elle... l'objet de mon culte... de mon rêve... ma Cauchoise...

ROSETTE.

Votre Cauchoise ?..

COFFIGNARD.

Oui, mon enfant... Depuis cinquante-sept ans que j'existe, je n'ai jamais pu voir passer dans la rue une Cauchoise avec son bonnet, sans que mon sein palpitât... extrêmement... Oh ! avoir pour esclave une Cauchoise à vingt francs par mois... une Cauchoise avec un grand bonnet... je la promènerai partout... ça pose... je la conduirai dîner chez Viot, à trente-deux sous... aux Funambules... à l'Assemblée nationale.

ROSETTE.

C'est donc pour cela que vous avez remercié Nanette... une si bonne cuisinière...

COFFIGNARD.

Remercié n'est pas le mot... j'ai flanqué Nanette à la porte... ce cordon bleu cultivait le chasseur de Vincennes... avec trop de succès... tandis qu'une Cauchoise... avec un grand bonnet... J'ai recommandé qu'elle s'appelât Dondon... Par la même occasion, j'ai demandé un mari pour toi...

ROSETTE.

Un mari pour moi!

COFFIGNARD.

Avec une bourriche... le fils Glandureau... je ne le connais pas... mais son père m'en faisait un très-grand éloge autrefois... quand il m'écrivait... Glandureau reprendra mon commerce de cure-dents *, car j'ai fait ma fortune dans le cure-dents... rue Saint-Denis...(*Au public.*)Vous devez voir ça d'ici...Au *Cure-dents démocratique et social*... Coffignard, fournisseur breveté... de l'Association fraternelle des Cuisiniers... réunis... sans la garantie du gouvernement.

ROSETTE.

N'importe!.. mon papa, le fils de M. Glandureau me déplaît.

COFFIGNARD.

Tu ne le connais pas...

ROSETTE.

C'est égal!.. il me déplaît.

COFFIGNARD.

Ah! c'est un gaillard spirituel... il doit user d'un stratagème pour s'insinuer dans mon immeuble sans être connu... afin de juger ton caractère avant de te traîner à l'autel... c'est très-adroit... c'est vieux... mais c'est très-adroit.

ROSETTE.

Je ne veux pas de M. Glandureau.

COFFIGNARD.

Qu'est-ce à dire?.. Ah! je vois ce que c'est... Tu préférerais ce jeune polisson qui nous a suivis avant-hier... à Montmorency.

ROSETTE.

Il a l'air très-distingué...

COFFIGNARD.

Je ne l'ai pas devisagé... j'avais oublié mes lunettes!.. Menez donc une jeune fille à Montmorency!.. ce monsieur pince le même convoi que nous... bon!.. Je t'offre un âne, il s'en offre un... tu galopes, il galope..... il a même osé me parler... Ah! c'est trop fort!..

Air : *Tenez, moi je suis un bonhomme.*

Ah! que je déplorais l'absence
De mon parapluie... à l'instant
J'aurais puni son insolence...

* Col Ros.

Le drôle s'en allait trottant...
Pas un rotin!... pas une canne !..
Oser me parler !... Et pourquoi ?..

ROSETTE.

Mon père il causait avec l'âne !

COFFIGNARD.

Quand j' te dis qu' c'était avec moi !

Que je le retrouve... et tu verras!.. Adieu, ma fille... brode... occupe-toi de la prochaine arrivée du fils Glandureau... moi, je vais me livrer au double six avec l'ami Fauvinel. (*Changeant de ton.*) Ah! qu'elle arrive donc, cette Cauchoise, avec son grand bonnet! (*Se frottant les mains.*) Ah! ah! Coffignard, tu es un heureux mortel... ça fera du bruit dans le quartier.

ENSEMBLE.

Air : *V'lin, v'lan* (Foire aux Idées).

COFFIGNARD.

Fauvinel attend,
Je pars à l'instant !
Mais je sais qu'il faut
Revenir bientôt.

ROSETTE.

Fauvinel attend,
Partez à l'instant.
Seulement il faut
Revenir bientôt.

COFFIGNARD, *radieux.*

Belle villageoise,
Accours sans retard !
Viens, ô ma Cauchoise !
Heureux Coffignard !

REPRISE DE L'ENSEMBLE.

(*Coffignard sort.*)

SCÈNE III.

ROSETTE, *seule, jetant sa broderie sur la table.*

Eh bien, non!.. je ne travaillerai pas!... Me forcer à épouser un Glandureau que je ne connais pas... Ah! il est si gentil, le jeune homme aux ânes... comme il monte bien à cheval !.. c'est fini, je ne le verrai plus, mais je n'épouserai jamais que lui.

SCÈNE IV.

ROSETTE, RAPHAEL *.

RAPHAEL, *se précipitant dans l'appartement.*

Enfin, je suis dedans... Ouf !..

ROSETTE.

Grands dieux !.. le jeune homme...

RAPHAEL.

Aux ânes... c'est moi-même...

* Ros. Raph

ROSETTE.

Si mon père rentrait...

RAPHAEL.

Je guettais le départ de ce vieux... Le portier voulait s'opposer à mon ascension..... v'lan !.... je lui ai flanqué un pochon sur l'œil... Ah! Rosette!... je vous vois..... je vous couve de mes regards...

ROSETTE.

Mais, Monsieur...

RAPHAEL.

Raphaël Brisemuche, commis-voyageur... qui brûle pour vous... soyez mon pompier, Rosette... éteignez-moi.

Air des *Premières armes du Diable.*

C'est moi, depuis huit jours, Rosette,
   Qui vous suis,
J'ai toujours vos yeux dans la tête :
   Bref, je suis
Amoureux de vous, ô ma belle !
   Et je veux
Lire l'amour, ma tourterelle,
   Dans vos yeux.
Commis-voyageur, je m'engage
   En ce jour ;
Ah! soyez mon dernier voyage
   En amour.

ENSEMBLE.

Un pareil amour (*bis*).

Doit toucher votre/mon âme !

Donnez à ma / Donnons à sa flamme
   Un tendre retour.

Même air.

RAPHAEL.

Avant-hier, afin de vous plaire,
   Je montais
Cet animal connu pour braire.
   Je trottais...
Je fus, pendant la route entière,
   Cahoté...
Tombant trois fois sur le... ça *blesse*
   Ma fierté !
Il faut après de tell's épreuves
   Pardonner.
   (*Faisant la grimace.*)
Aïe !.. de mon amour j'ai des preuves
   A donner.

REPRISE DE L'ENSEMBLE.

RAPHAEL, *enivré.*

Ah! je suis à toi... tu es à moi... épousons-nous. (*Il l'embrasse. Au même instant, Sureau paraît au fond et laisse tomber des têtes de pavots qu'il tenait à la main.*)

LES MÊMES, SUREAU [*].

SUREAU.

Ah!

ROSETTE.

Monsieur Sureau !

RAPHAEL.

Sureau !.. quel est ce citoyen laid ?

SUREAU.

Un homme ici !.. un rival !.. (*Ramassant ses têtes de pavots.*) C'est à en perdre la tête !.. Quand, sous le prétexte de porter ces pavots à monsieur votre père, qui n'y est pas, je venais tomber à vos tibias pour vous ouvrir mon cœur... car je vous aime...

RAPHAEL.

Hein !

ROSETTE.

Monsieur Sureau, je vous jure...

SUREAU.

Pas de serments!.. nous ne sommes pas au jeu de Paume...

RAPHAEL.

Ah! tu l'aimes... mais je vais te démolir !..

SUREAU, *effrayé.*

Me démolir !..

RAPHAEL.

En garde !

SUREAU.

Pas aujourd'hui... je suis malade !

RAPHAEL.

En garde... malade ! (*Il le menace.*)

ROSETTE, *s'interposant.*

Monsieur Raphaël.. monsieur Sureau... vous me compromettez... mon papa va rentrer...

RAPHAEL.

Il est sorti... (*Il menace toujours Sureau.*)

ROSETTE.

Mais il va rentrer... pour recevoir une nouvelle domestique qu'il attend... mademoiselle Dondon...

RAPHAEL.

Dondon !

SUREAU.

Qui ça, Dondon?..

ROSETTE.

Une Cauchoise... qu'on lui expédie.

RAPHAEL, *à part.*

Une Cauchoise !..

SUREAU, *à part.*

Une Cauchoise !..

COFFIGNARD, *en dehors.*

Bassinez votre œil avec de l'eau salée, père Bridet...

[*] Raph. Ros. Sur.

ROSETTE.

C'est lui!.. c'est papa!..

SUREAU.

Fichtre!.. où se cacher?..

RAPHAEL.

Le vieux!.. fourrez-moi dans le garde-manger...
Je m'y occuperai... agréablement...

ROSETTE, *ouvrant une porte à gauche.*

Tenez... par cet escalier dérobé!..

RAPHAEL.

Dans deux secondes, nous serons comme
l'escalier...

SUREAU[*].

Dérobés!..

ROSETTE.

Air du *Chevalier du Guet.*

Fuyez par là!

RAPHAEL ET SUREAU.

Filons par là!

ROSETTE.

Et mon papa,

RAPHAEL ET SUREAU.

Et son papa,

ROSETTE.

Par ce moyen,

RAPHAEL ET SUREAU.

Par ce moyen

ROSETTE.

Ne saura rien.

RAPHAEL ET SUREAU.

Ne saura rien.

(Ils sortent. Rosette referme vivement la porte.)

SCÈNE VI.

ROSETTE, *près de la porte,* COFFIGNARD.

COFFIGNARD, *à la cantonade*[**].

Bassinez-vous l'œil... ah! ah! ah!.. ce père
Bridet... est-il poché... l'est-il... Eh bien!..
qu'est-ce que tu fais là, Rosette?..

ROSETTE, *émue.*

Moi, mon papa...

COFFIGNARD.

Tu as l'air interloquée...

ROSETTE.

J'ai l'air... interloquée... mon papa...

COFFIGNARD.

Je te dis que tu as l'air interloquée... Je reviens
du café Hainsselin... Pas de Fauvinel... Il se dé-
range, Fauvinel! (*Il prend une prise de tabac
dans un cornet de papier.*)

[*] Raph. Sur. Ros.
[**] Ros. Cof.

ROSETTE.

Tiens! où est donc votre tabatière, papa?..

COFFIGNARD.

Ma queue de rat!.. je l'ai égarée, ma queue de
rat... (*A part.*) Cachons bien à cette naïve enfant
les turpitudes de son père!..

ROSETTE.

Vous la retrouverez...

COFFIGNARD.

Certainement!.. (*A part.*) Jamais!..

ROSETTE, *à part.*

Ils doivent être loin... (*Haut.*) Adieu, mon papa'

COFFIGNARD.

Où vas-tu?

ROSETTE.

Dans ma chambre, achever ma broderie.

COFFIGNARD, *à part.*

Toujours piocher... (*Haut.*) Repioche, mon enfant... Ma fille est un ange... et moi... rougis,
Coffignard, rougis...

ENSEMBLE.

Air du *Caïd* (Tigre du Bengale).

Travaille, mon enfant,
Je t'en prie,
A ta broderie;
Le travail seulement
Rend le cœur joyeux et content

ROSETTE.

Travaillons à l'instant,
Il m'en prie,
A ma broderie;
Peut-être en travaillant
On peut oublier un amant.

(Elle entre à gauche.)

SCÈNE VII.

COFFIGNARD, *seul.*

Ma tabatière à queue de rat!.. ces simples mots
ont réveillé mes remords... après ça... on est
si faible quand on a bien dîné!.. Figurez-vous que
c'était il y a une quinzaine de jours... avec Fauvinel... chez Bonvalet... nous avions pas mal flûté... la
conversation avait roulé sur Vénus... Fauvinel
me quitte... et je me trouve seul sur le boulevard
du Temple... (*Avec éclat.*) Sur le boulevard du
crime!.. Je marche... suivez-moi bien... Je me
permettais un demi panatellas... (On est si faible
quand on a bien dîné!) lorsque je me cogne dans
quelque chose qui pousse un cri... c'était une
jeune fille, faite... comme M. Keller... Crinoline!
l'ancienne corsetière de ma femme... Je l'appelle
ma reine... Elle m'appelle : Gamin... ce mot me
monte... (On est si faible quand on a bien dîné!)
Je lui commande un corset... pour moi... Elle
m'appelle vieux cornichon et me tourne le dos...
je la suis... suivez-moi bien... Nous arrivons rue

des Tournelles, 22.., les deux cocotes... Je veux
entrer... me faire prendre mesure... (On est si
faible quand on a bien dîné!) mais elle me
flanque la porte au nez... Je l'ouvre... la porte...
et je m'élance... suivez-moi... (*Avec horreur.*)
C'est-à-dire, non... ne me suivez plus...

Air de *Julie.*

J'avais vraiment une peur effroyable!
Mais je disais : « Personne ne le saura. »
  Gueux d'escalier... il était noir en diable...
Jamais le gaz en ces lieux n' pénétra...
Bref, me voilà grimpant, et sans chandelle...
Et malgré tout, tu grimpais, chenapan!...
Je me faisais l'effet de Buridan
F'sant la noce à la Tour de Nesle.
Oui, je croyais voir monsieur Buridan
F'sant la noce à la Tour de Nesle!

À peine avais-je envahi le domicile de Crinoline,
qu'une voix d'homme frappe à la porte...« C'est lui,
« me dit-elle... sauvez-vous... il vous tuerait... »
Je n'en demande pas davantage... (On est si faible
quand on a bien dîné!) Je file par les toits... je
regagne l'escalier... et me revoilà sur le boulevard
du Temple... (*Avec plus d'éclat.*) du crime!.. Je
veux priser... ma queue de rat était restée à la
Tour de Nesle... Buridan avait perdu sa tabatière... Elle me venait de feu ma femme... j'y
tenais... (*Vivement.*) à ma tabatière... Ah! que
n'ai-je là ma Cauchoise!.. Son bonnet me ferait
oublier ma queue de rat!..

SCÈNE VIII.

COFFIGNARD, RAPHAEL, en *Cauchoise.*

RAPHAEL, *un paquet à la main, sur le seuil* *.
M. Coffignard, s'il vous plaît!

COFFIGNARD.
Grand Dieu!.. c'est elle!.. ma Cauchoise!..

RAPHAEL.
M. Coffignard, s'il vous plaît...

COFFIGNARD, *en admiration.*
La voilà!.. qu'elle est donc bien!.. quelle gail-
larde!.. étrangère... il faut que je t'embrasse. (*Il
saute au cou de Raphaël.*)

RAPHAEL.
Vous m'étouffez!..

COFFIGNARD.
Tourne-toi... tourne-toi, que je t'admire.. ton
bonnet n'est pas assez grand... faudra le ral-
longer... enfin... j'ai ma Cauchoise!.. Rosette...
 me fille. mon sang!..

* Cof. Rap.

LES MÊMES, ROSETTE *.

ROSETTE.
Mon papa!..

COFFIGNARD.
Elle est arrivée... la voici!..

ROSETTE, *reconnaissant Raphaël.*
Ah!..

COFFIGNARD.
Pourquoi ce cri rauque... ah! je comprends!...
l'étonnement!.. l'admiration!.. ah!.. ah!.. ah!..
(*Il regarde Raphaël en riant, puis tout à coup il
lui pince la taille.*) Tiens!..

RAPHAEL.
Vous me chatouillez!.. ah!.. ah! ah!.. faut pas
me chatouiller...

COFFIGNARD.
Tant pis... je te chatouillerai... je te prends
pour tout faire... na...

ROSETTE, *à part.*
Je n'en reviens pas... lui... sous ce costume!..

RAPHAEL.
Air d'*Haydée.*

Je suis Dondon (*bis*)
Pour vous servir, j'viens tout droit du village,
Ah! bourgeois, soyez mon patron,
Et vous serez un peu content, je gage.
Je suis Dondon (*ter*).

COFFIGNARD.
Sois la bien-venue, Dondon... ah çà, donne-
moi bien vite des nouvelles de Glandureau.

RAPHAEL.
Qui ça, Glandureau?

COFFIGNARD.
Tu sais bien... Glandureau...

RAPHAEL.
Ah! oui... Glandureau... j'entendais d'abord
Godiveau, moi...

COFFIGNARD.
Comment va-t-il, le papa Glandureau?

RAPHAEL, *embarrassé.*
Dame!.. il est... il est mort... (*A part.*) Il doit
être mort...

COFFIGNARD, *avec explosion.*
Glandureau est mort!..

RAPHAEL, *à part.*
J'aurais dû lui dire qu'il se portait bien...

COFFIGNARD.
Et son fils... son malheureux fils...

RAPHAEL.
Son fils... oh! il se porte bien, lui.

COFFIGNARD.
Nous ne tarderons pas à le voir, j'espère...

ROSETTE, *à part.*
Hélas!..

* Raph. Cof. Ros.

RAPHAEL.

Probablement!..

COFFIGNARD.

Et comment diable est-il mort?

RAPHAEL.

Qui ça?.. Henri IV?..

COFFIGNARD.

Nou... Glandureau!

RAPHAEL.

Ah! vous tenez à savoir... (*A part.*) Il y tient... comment pourrais-je le faire mourir?.. (*Haut.*) Il est mort... tout bonnement... dans une baignoire...

COFFIGNARD, *criant.*

Dans une baignoire... comme Charlotte Corday... c'est-à-dire, Marat... non, Charlotte... enfin n'importe!.. ah! le malheureux!.. il s'est noyé!.. (*A Rosette.*) Ah! ma fille... tu porteras son deuil!..

RAPHAEL.

Son trépas vous touche... n'en parlons plus... hein!..

COFFIGNARD.

Soit... ne pensons qu'à toi, femme de Caux... mais regarde-la donc, Rosette... comment la trouves-tu?

ROSETTE.

Moi?..

COFFIGNARD.

Oui...

ROSETTE.

Dame! très-bien, mon papa...

RAPHAEL, *s'oubliant.*

Ah! Rosette!.. (*A part.*) Sapristi!.. j'allais me trahir... attention!..

COFFIGNARD, *radieux.*

Elle a déjà retenu ton nom!.. quelle intelligence!.. (*Riant.*) Ah! ah! ah!.. (*Il donne un coup de poing à Raphaël.*) Comme c'est bâti... tiens!..

RAPHAEL.

Pristi!.. vous me faites mal!..

COFFIGNARD.

Puisque je te prends pour tout faire... Rosette... allume les bougies, ma fille, le jour baisse.

ROSETTE.

Oui, mon papa... (*Elle entre à droite.*)

COFFIGNARD, *admirant Raphaël.*

Quelle belle carnation!.. as-tu tes trente-deux dents?..

RAPHAEL.

Oui... et vous?..

COFFIGNARD.

Elle les a... donne-moi ton paquet...

RAPHAEL.

Non.

COFFIGNARD.

Si!..

RAPHAEL.

Non!..

COFFIGNARD, *le lui arrachant des mains.*

Quand je te dis de me donner ton paquet!.. ah! je suis au comble!.. et si ce n'était la fin malheureuse de ce pauvre Glandureau!.. quelle diable d'idée aussi de se baigner!..

SCÈNE X.

COFFIGNARD, RAPHAEL, SUREAU, *en Cauchoise*.

SUREAU, *paraissant au fond, un paquet à la main.*

M. Coffignard, s'il vous plaît...

COFFIGNARD.

Ciel!

RAPHAEL, *à part.*

Bigre!.. la vraie Cauchoise!..

SUREAU, *à part.*

Fichtre!.. l'autre est arrivée!..

COFFIGNARD.

Ma fille!.. une deuxième Cauchoise!.. (*A Sureau.*) Approche...

SUREAU.

Non... je préfère... (*A part.*) Filons!..

COFFIGNARD, *le retenant.*

Arrête, fille de Caux!.. qui es-tu?..

SUREAU, *à part.*

Du toupet!.. (*Haut et faisant la révérence.*)

Air précédent.

Je suis Dondon (*bis*),
Aux p'tits oignons je fais les confitures,
Je pince un peu le miroton,
On me renomme aussi pour mes fritures.
Je suis Dondon (*ter*).

COFFIGNARD, *indiquant Raphaël qui se détourne.*

Mais Mademoiselle aussi s'appelle Dondon...

SUREAU.

C'est pas étonnant!.. là-bas, nous sommes un tas de Dondons de père en fille... il y a vingt-sept mille de Dondons...

COFFIGNARD.

Autant que ça!.. (*A lui-même.*) Assurons-nous bien... (*Haut.*) Tes papiers... montre-moi tes papiers...

SUREAU.

Ah! je vas vous dire... dans le coche on me les a volés... un gredin d'homme...

COFFIGNARD, *doutant.*

Hum! hum!.. (*A part.*) Tendons-lui un dernier traquenard... (*Haut.*) Et Glandureau?..

SUREAU, *étonné.*

Glandureau!..

* Raph. Cof. Sur.

COFFIGNARD.

Oui... qu'est-ce qu'il est, Glandureau?..

RAPHAEL, *faisant de loin des gestes à Sureau.*

Couic... couic...

COFFIGNARD.

Qu'est-ce qu'il est?..

SUREAU, *regardant Raphaël, et l'imitant.*

Couic... couic...

COFFIGNARD, *à part.*

Couic... couic... Ah! c'est un mot cauchois qui veut dire *claqué*... Il est clair que cette jeune fille m'est expédiée de Caux.

SUREAU.

Si vous voulez... je m'en vas...

COFFIGNARD.

Non, reste, intéressante fille... Tu me vas, parce que tu as un grand bonnet... Installe-toi. Donne-moi ton paquet.

SUREAU.

Non.

COFFIGNARD.

Si.

SUREAU.

Non.

COFFIGNARD, *le lui arrachant des mains.*

Donne donc. (*Il a un paquet sous chaque bras.*)

SCÈNE XI.

LES MÊMES, ROSETTE, *avec deux bougies à la main* .

ROSETTE.

Là! mon papa... hein!.. (*A part.*) Sureau!.. (*Sureau la supplie de se taire.*)

COFFIGNARD.

Tu t'exclames?.. Oui, ma fille... on m'en a envoyé deux... pour choisir... mais je ne choisis pas...

ROSETTE, *désignant Sureau.*

Vous renvoyez celle-là?..

RAPHAEL, *à part.*

Bravo!.. (*Sureau fait toujours des gestes suppliants à Rosette.*)

COFFIGNARD.

Non, je garde les deux...

ROSETTE.

Deux Cauchoises!.. Mais, mon papa, c'est du luxe...

COFFIGNARD.

Du luxe!.. On n'a jamais assez de Cauchoises, ma fille. On se dit comme ça : « J'en ai assez d'une... Eh bien! pas du tout, il en faut deux... Mais il se fait tard... demain, à l'aube, nous reprendrons ce dialogue... (*indiquant la chambre à droite.*) Mes enfants... voilà votre chambre... allez vous coucher...

* Raph. Cof Ros. Sur.

ROSETTE, *à part.*

Que va-t-il se passer ?.. Je tremble..,

COFFIGNARD.

Viens, ma Rosette... Non, laisse-moi les contempler encore... Tournez-vous... tournez-vous toutes les deux. (*Quand elles se sont retournées.*) Quelle jolie figure!.. Dire que je suis à la tête d'une paire de Cauchoises... Ah! ma fille, ton Coffignard de père est bien heureux!..

ENSEMBLE.

Air de *M. Bazyle* (L'homme au Manteau bleu).

Le ciel a comblé tous mes vœux!
　　Jour d'ivresse,
　　D'allégresse!
Au lieu d'une, que c'est heureux!
　　J'en aurai deux.

ROSETTE, SUREAU, RAPHAEL.

Oui, le ciel a comblé ses vœux,
　　Jour d'ivresse,
　　D'allégresse!
Au lieu d'une, que c'est heureux!
　　Il en prend deux.

(*Coffignard, tenant la bougie d'une main, et, sous ses bras, les deux paquets, se retire avec Rosette, qui fait des signes d'intelligence à Raphaël.*)

COFFIGNARD.

Est-il bête, ce Glandureau, de se noyer dans une baignoire... C'est égal, j'ai ma Cauchoise... c'est-à-dire... j'ai mes Cauchoises...

REPRISE, ENSEMBLE.

(*Coffignard et Rosette sortent.*)

SCÈNE XII.

RAPHAEL, SUREAU.

SUREAU, *à part.*

La vraie Dondon!.. Tâchons de la séduire...

RAPHAEL, *à part.*

La véritable Cauchoise!.. Offrons-lui quarante sous... (*Ils se rapprochent.*)

SUREAU ET RAPHAEL, *ensemble.*

Intéressante Cauchoise, permettez-moi de vous offrir cette pièce de quarante sous... Je ne suis pas plus Cauchoise que la fille du Grand-Turc... (*Se regardant.*) Ah bah!..

RAPHAEL.

Mais alors...

SUREAU.

Attendez donc...

RAPHAEL.

Ce nez en trompette...

* Raph. Sur.

SUREAU.

Nom d'une sangsue !.. Raphaël !..

RAPHAEL.

Sureau !.. tiens... (Il lui donne un coup de pied.)

SUREAU.

Ah ! brigand !..

RAPHAEL.

Droguiste !..

SUREAU.

Il me faut ta vie !..

RAPHAEL, lui donnant un coup de pied.

Servez Monsieur.

SUREAU *.

Gredin !.. (Ils se battent à coups de poings. Leurs bonnets tombent.)

ENSEMBLE.

Air du *Premier coup de Canif.*

Ah ! pour moi quel accident !
Mais ce téméraire
Ne peut se soustraire
A son châtiment !

SUREAU, *rossé.*

Oh ! la ! là !.. oh ! là ! là !..

RAPHAEL, *remettant son bonnet.*

Remets ton bonnet... et tais-toi...

SUREAU.

Oh ! là ! là !..

RAPHAEL.

Chut donc !.. Si nous faisons du vacarme, Coffignard va venir... Il nous campera à la porte..... et nous serons frits...

SUREAU.

C'est vrai.

RAPHAEL.

Il vaut mieux, puisque nous sommes dans la place, nous y incruster l'un et l'autre... (Exploitation de l'homme par la Cauchoise !) Nous profiterons de cette incrustation pour obtenir l'aveu de la petite... Celui qui lui donnera dans l'œil se fera connaître au Coffignard... et l'autre filera..... Ça va-t-il ?..

SUREAU.

Tope !..

RAPHAEL.

Soyons amis... Ce cher Sureau...

SUREAU.

Ce bon Raphaël... (Ils s'embrassent.)

RAPHAEL.

Fumes-tu ?..

SUREAU.

Oui... Et toi ?..

RAPHAEL.

Attends... (Il relève sa robe et retire un porte-cigares de la poche de son pantalon.) Choisis.

SUREAU, *prenant un cigare.*

C'est drôle que l'idée nous soit venue en même temps... Mais, ce costume ?..

<hr>

RAPHAEL.

Au Temple !

SUREAU.

Moi, chez le costumier du Cirque-Olympique... (Tous deux allument leurs cigares à la bougie que tient Raphaël.)

RAPHAEL.

Nous y voilà... (Ils fument.)

SUREAU.

C'est du Faublas, ça... Tu la gobes donc, la petite...

RAPHAEL.

A mort... Perfide Crinoline !..

SUREAU.

Qui ça, Crinoline ?..

RAPHAEL.

Mon ingrate amante... (Tirant de sa poche une tabatière à queue de rat.) Voilà son dernier cadeau !..

SUREAU.

Une tabatière à queue de rat !..

RAPHAEL.

Elle lui venait, à ce qu'elle m'a dit, d'un de ses aïeux, qui vivait sous Louis XIV... Ce qui n'a pas empêché Crinoline de trahir ses serments et sa foi...

SUREAU.

C'est comme ma *charcuitière.*

RAPHAEL.

Vraiment, pharmacien ?.. Ainsi, nous sommes libres... Mais guerre loyale entre nous...

SUREAU.

Oui...

RAPHAEL.

Je le jure sur la tête de ma Crinoline !

SUREAU.

Et moi... sur les boudins blancs de ma *charcuitière.*

SCÈNE XIII.

LES MÊMES, DONDON *.

DONDON, *au fond.*

M. Coffignard, s'il vous plaît...

SUREAU.

Ciel !..

RAPHAEL.

La vraie !.. sacrebleu !.. (Ils jettent leurs cigares.)

DONDON.

Tiens !.. des payses !.. (Raphaël et Sureau la prennent par la main, et lui font descendre vivement le théâtre.)

RAPHAEL.

Qui es-tu, malheureuse ?

<hr>

* Sur. Raph.

* Sur. Don. Raph.

DONDON.

J'suis Dondon !

Air du *Philtre champenois.*

J' suis la fleur du village,
Beau brin d' fille a c' qu'on dit.
Aux gâs du voisinage
Dondon f'sait perdr' l'esprit,
Mais à Dondon, c' qu'il faut,
Oh !
C'est un époux, oui-dà,
Ah !
On m'a dit que bientôt.
Oh !
A Paris j' trouverais ça.
Ah !

SUREAU.

Que viens-tu faire?

DONDON.

J' venons de Caux... da!.. pour prendre du service... da!.. chez monsieur Cof.....

RAPHAEL.

...fignard... C'est elle!.. Ah! je suis sur un réchaud de Mons épuré...

SUREAU, *à part.*

Je crois qu'on me demande a ma boutique... Si je filais!..

RAPHAEL.

Tiens! voilà quarante sous... Va-t-en !

SUREAU.

Voilà deux francs... Pars!..

DONDON.

Je ne voulons point... dà!... Je restons chez M. Coffignard...

RAPHAEL.

Tu ne veux pas filer!..

DONDON.

Non !..

SUREAU.

Si nous la fourrions à la cave...

RAPHAEL.

C'est une idée!.. A la cave!.. (*Ils la prennent par les bras, et veulent l'entraîner.*)

DONDON, *criant.*

Au secours!.. à la garde !.. à la garde!..

SCÈNE XIV.

LES MÊMES, COFFIGNARD, *en déshabillé de nuit.*

COFFIGNARD, *avec sa bougie.*

Quelles sont ces clameurs?

DONDON, *se débattant.*

Au secours!.. (*On la lâche.*)

COFFIGNARD.

Grands dieux !.. trois Cauchoises !.. Un brelan!.. j'ai trois Cauchoises!

ENSEMBLE *.

Air du *Gendre aux Épinards.*

Grand Dieu! quelle aventure !
Que faire en cette conjoncture?
Je puis faire mon choix,
Il peut faire son choix,
Au lieu de deux en voilà trois.

COFFIGNARD, *à Dondon.*

Tourne-toi... tourne-toi...

RAPHAEL.

Mais trois Cauchoises!..

COFFIGNARD.

On n'a jamais trop de Cauchoises!.. On se dit : «J'en aurai assez de deux...» Pas du tout!.. il en faut trois!.. Qu'elle a donc un joli bonnet!.. Mon Dieu ! qu'elle a donc un joli bonnet !

RAPHAEL, *à part.*

Quel carambolage !

SUREAU, *à part.*

Nous sommes refaits au même...

COFFIGNARD.

On dirait qu'on a pipé ici...

RAPHAEL, *à part.*

Bigre !..

SUREAU, *à part.*

Nous sommes fumés!..

COFFIGNARD, *qui s'est rapproché de Dondon. A part.**

Mais elle empeste le tabac!.. (*Apercevant un des cigares que Dondon a ramassé, et qu'elle tourne entre ses doigts. Poussant un cri.*) Ah!.. (*Tous reculent effrayés.*)

DONDON.

Quoi donc qu'il a le bourgeois!..

COFFIGNARD, *riant aux éclats.*

Ah! ah! ah! j'y suis!.. (*A lui-même.*) C'est lui,.. le fils Glandureau !.. Il devait s'introduire... voilà le stratagème!.. (*Il rit.*)

SUREAU, *à Raphaël.*

Il rit !..

RAPHAEL, *à Sureau.*

Qu'est-ce que ça veut dire ?..

COFFIGNARD, *à lui-même.*

Farceur, va !.. (*Désignant le bout de cigare que tient Dondon.*) Qu'est-ce que c'est que ça?

DONDON.

Oh!.. (*Jetant vivement le cigare.*) C'est... c'est...

COFFIGNARD, *à part.*

Je le pince *flagrante pandellas*... (*Haut.*) Eh bien!.. ce pauvre père, il est donc comie?..

DONDON, *étonnée.*

Couic!.. quoique c'est que c'te bête-là?

COFFIGNARD, *à part.*

Comme on voit bien que ce n'est pas une Cau-

* Sur. Raph. Dond. Cof.
** Sur. Raph. Cof. Dond.

choise... Il ne sait pas ce que veut dire *couic*...
(*A Dondon.*) Oui, il est donc mort?..

DONDON.

Ah! vous savez... (*Elle tire son mouchoir et
pleure.*) Hi! hi! hi!

COFFIGNARD, *à part.*

Quel excellent fils! (*Il tire son mouchoir, s'es-
suie les yeux, et fait signe à Raphaël et à Sureau
d'en faire autant. Tous pleurent et se mouchent.*)

DONDON.

Hélas! oui, monsieur Coffignard... il est dé-
funt!..

COFFIGNARD, *à part.*

Elle avoue toujours!.. Comme il se trahit!..

DONDON, *pleurant.*

C'est c'te malheureuse habitude qu'il avait de
boire et de pictonner comme ça... Si bien qu'un
soir qu'il était un peu émouvé...

COFFIGNARD, *pleurant. A part.*

Ce vieux pochard de Glandureau!

DONDON.

Le pied lui a glissé... et il s'a neyé.

COFFIGNARD.

Oui... dans une baignoire... je sais...

DONDON.

Non... dans un fossé... dessus la grande route!..

RAPHAEL, *à part.*

Aïe!..

COFFIGNARD, *à Raphaël.*

Qu'est-ce que tu me chantais... avec ta baignoire... (*Raphaël pleure et se mouche encore
plus fort.*)

DONDON.

On l'a repêché... mais trop tard... y avait trois
jours qu'il était dans l'eau... il n'avait pas pu attendre... c't'homme! (*Elle sanglote. Raphaël et
Sureau pleurent et se mouchent.*)

COFFIGNARD.

Assez... assez... voyons... ne pleurons plus...
(*A Dondon.*) Dis-moi, tu dois être mal à l'aise dans
ce costume-là!..

DONDON.

Oui, not' bourgeois... ça me gêne là-dessous les
bras... mais j'm'ai endimanchée pour venir.

COFFIGNARD, *souriant et l'imitant.*

Oui... oui... tu t'as endimanchée... toi... (*A
part.*) A-t-il un aplomb, ce gaillard-là!

DONDON.

C'n'est point mon costume de tous les jours...

COFFIGNARD, *à part.*

Comme il se trahit!... (*Haut.*) Va le quitter...
Entre là... (*Il indique la chambre a droite.*)

DONDON.

A vos ordres, not' bourgeois.

COFFIGNARD, *la regardant.*

C'est tout le portrait de son père... Ah! que ma
fille sera heureuse avec lui!... Allons! dépêche-
toi...

DONDON.

On y va, not' bourgeois...

~~~~~~

SCÈNE XV.

COFFIGNARD, RAPHAEL, SUREAU.

COFFIGNARD, *la regardant sortir, et riant
aux éclats* *.

Ah! ah! ah!

RAPHAEL.

Quoi donc?

COFFIGNARD.

Tu ne sais pas... (*A Sureau.*) ni toi non plus...
(*Il les prend sous ses bras.*) Ah! ah! ah!..

SUREAU, *à part.*

Il est toqué!..

COFFIGNARD.

Ce n'est pas une Cauchoise!.. c'est lui... c'est
Glandureau... mon futur gendre...

RAPHAEL ET SUREAU.

Hein !..

COFFIGNARD, *riant toujours.*

Ah! ah! ah!.. le drôle de corps!..

SUREAU.

Mais, monsieur Coffignard...

RAPHAEL.

Vous vous trompez...

COFFIGNARD.

Oh! que non!.. oh! que non!.. Je ne le con-
naissais pas... mais on m'avait prévenu qu'il devait s'introduire chez moi... sous un déguisement... avec une bourriche...

RAPHAEL.

Avec une bourriche!..

COFFIGNARD.

Oui... et un parapluie rouge.

SUREAU.

Un parapluie rouge...

COFFIGNARD.

Les Cauchois ont toujours des parapluies rou-
ges... Il les aura laissés à la porte pour ne pas se
trahir... mais plus tard... Écoutez, mes enfants...
vous êtes prévenus... laissez Glandureau en dé-
coudre tranquillement avec ma fille... se faufiler
avec elle dans les petits coins... un futur gendre,
tout lui est permis!

SUREAU.

Bah!

RAPHAEL.

Vraiment!

COFFIGNARD.

Parbleu!..

RAPHAEL, *à part.*

Oh!

* Sur. Cof. Raph.
~~~~~~

SUREAU, *à part.*

Ah !

RAPHAEL, *à part.*

Je tiens mon affaire...

SUREAU, *à part.*

J'accouche d'une idée!..

COFFIGNARD, *appelant.*

Rosette!.. Elle dort sans doute. . Rosette !

ROSETTE, *en dehors.*

Mon papa !

COFFIGNARD.

Viens!

ROSETTE, *en dehors.*

Mon papa, je suis couchée...

COFFIGNARD.

Ça ne fait rien... viens comme tu es... il n'y a que des femmes ici!..

SUREAU, *à part.*

Tant pis pour ce gredin de Raphaël!..

RAPHAEL, *à part.*

Tant pis pour cette cruche de Sureau!..

SUREAU.

Je sors un instant, bourgeois.

RAPHAEL.

Moi aussi...

COFFIGNARD.

Où allez-vous?..

SUREAU.

Dame!

RAPHAEL.

Chercher nos malles...

COFFIGNARD.

Rapportez-les sans vous en faire... Tiens, c'est un calembourg...

RAPHAEL.

Nous revenons dardar... (*A part.*) Enfoncé, le Sureau!

SUREAU, *à part.*

Enfoncé, le Raphaël !

ENSEMBLE.

Air de la *Nuit de Noël.*

RAPHAEL ET SUREAU.

Vite, à la diligence,
Pour chercher nos effets,
Et puis, en diligence,
Rapportons nos paquets.

COFFIGNARD.

Vite, à la diligence,
Pour chercher vos effets,
Et puis, en diligence,
Rapportez vos paquets.

(*Raphaël et Sureau sortent.*)

SCÈNE XVI.

COFFIGNARD, *puis* ROSETTE *.

COFFIGNARD.

Ah! ah! ah!.. Glandureau à Paris... Glandu-

* Ros. Col.

reau sous ce bonnet gigantesque!.. Heureusement que je ne suis pas bête... je l'ai reconnu d'emblée!

ROSETTE, *en costume de nuit, une bougie à la main.*

Qu'y a-t-il, mon papa?.. Est-ce que vous êtes malade?..

COFFIGNARD.

Malade... moi... lorsque j'ai ici, chez moi, deux Cauchoises... et un gendre...

ROSETTE.

Un gendre!..

COFFIGNARD.

Ah! Rosette, cette nuit est un bien beau jour pour ton Coffignard de père... Il est ici!..

ROSETTE.

M. Glandureau!..

COFFIGNARD.

En chair et en os... et en bonnet... Tu vas le voir... (*Appelant.*) Glandureau!.. (*A Rosette.*) Rafistolle-toi, ma fille... rafistolle-toi... non... ce négligé te sied... (*Appelant.*) Glandureau!

SCÈNE XVII.

LES MÊMES, DONDON.

DONDON *.

Dites donc, not' bourgeois...

COFFIGNARD, *à Rosette.*

C'est lui!..

ROSETTE, *à part.*

Qu'est-ce que c'est que ça?..

DONDON.

J' pouvons point m' déshabiller.... ma malle est restée aux Messageries...

COFFIGNARD.

Il s'agit bien de malles!.. (*Avec émotion.*) Viens dans mes bras, ô fils de mon ami... et de là, mon gendre, plonge-toi dans ceux de ma fille... Ma fille, ouvre tes bras... pour qu'il s'y plonge... (*A Dondon qu'il pousse.*) Mais va donc *!..

DONDON.

Vous voulez que j'embrasse Mam'selle... j'voulons biens...

COFFIGNARD, *à part.*

Il se trahit toujours!..

ROSETTE, *repoussant Dondon.*

Mais je ne veux pas...

COFFIGNARD, *à Dondon, avec malice.*

Tu te rattraperas plus tard...

DONDON.

Hi! hi! hi! Ah! quo ça me gêne sous le bras ..

COFFIGNARD.

Ôte-moi donc tout ça bien vite...

* Ros. Cof. Dond.

* Ros. Dond. Cof.

DONDON.

Puisque je vous dis que ma malle n'est pas arrivée...

COFFIGNARD.

Je te prêterai un de mes pantalons.

DONDON, *riant bêtement.*

Oh! oh!..

COFFIGNARD.

Ne fais donc pas le malin!.. (*A Rosette.*) N'est-ce pas?.. c'est inutile...

ROSETTE.

Mais, mon papa...

COFFIGNARD.

Nous savons qui tu es...

DONDON.

Pardine!.. c'est pas difficile de savoir qui je suis...

Air précédent.

Je suis Dondon,
Je suis Dondon...

COFFIGNARD, *l'interrompant.*

Connu!.. connu!.. je l'ai déjà entendu, cet air-là...

DONDON.

Mais, not' bourgeois...

COFFIGNARD.

Et la bourriche?.. où est-elle?..

DONDON.

La bourriche!

COFFIGNARD.

Diable de Glandureau!..

SCÈNE XVIII.

LES MÊMES, RAPHAEL, *en Cauchois* [*].

RAPHAEL, *une bourriche à la main.*

Glandureau, présent!

ROSETTE.

Ciel!..

COFFIGNARD.

Glandureau... (*Le reconnaissant.*) Mais oui... ma Cauchoise, dans un Elbœuf!..

RAPHAEL.

Vieillard vénérable!.. on se fiche de vous, mais heureusement que me v'là... avec mon parapluie... et j'arrive tout fin *dret* de mon endroit, à seule fin de vous dire :« Monsieur Coffinard, c'est moi qui suis le fils à papa! » Oui, qui s'est insinué sous un déguisement, Glandureau... mais *sti*-là qu'est le bon, *sti*-là qu'est Glandureau à la bourriche. — Voilà!..

COFFIGNARD.

Un parapluie... une bourriche... c'est bien lui. (*Montrant Dondon.*) Mais alors.

RAPHAEL.

Un mauvais gâs... qu'est fin et pas bête... il

[*] Ros. Dond. Raph. Cof.

---

usurpait mes droits... (*A Dondon.*) Oui, que tu les usurpais, mes droits!

COFFIGNARD, *à Dondon* [*].

Ah! tu n'es pas Glandureau!..

DONDON.

Mais non, not' maître...

COFFIGNARD.

Tu n'as pas de bourriche... pas de parapluie rouge... sors d'ici, misérable... tu venais suborner mon héritière... oser me soutenir depuis une heure que tu es Glandureau...

DONDON.

Ce n'est pas moi... c'est vous qui me disiez...

COFFIGNARD.

Moi... j'aime bien ça... quand tu m'as fait pleurer comme un veau en me racontant les détails de la mort de mon ami... mon mouchoir en est encore humide... (*Il tire de sa poche un mouchoir dans lequel est une éponge, de manière qu'en le tordant, il en coule de l'eau.*) Vois plutôt... Ah! file!.. file bien vite!..

DONDON.

Not' bourgeois... j' vous jurons...

COFFIGNARD.

Ne patoise plus... c'est inutile... décampe... et rondement...

DONDON.

Ah! j' voulons bien!..

COFFIGNARD.

J' voulons bien!.. ne patoise donc plus...

DONDON.

J'crois qu'ils sont tous fous dans c'te baraque.

COFFIGNARD.

Baraque!.. baraque!.. sors, malheureux!.. (*Il lève sur elle sa bourriche ; mais Raphaël se précipite et le retient le bras levé. Rosette s'est également élancée vers son père.*)

RAPHAEL.

Tableau!.. (*Ils forment un groupe, et restent ainsi, immobiles, pendant le chœur suivant.*)

ENSEMBLE.

Air de l'Anathème de la Juive.

COFFIGNARD.

Ah! je suis en colère!
Son aplomb m'exaspère,
Fuis donc, vil suborneur!
Je vais faire un malheur!

DONDON.

Je suis d'une colère!
La fureur l'exaspère,
M'appeler suborneur!
Redoutons un malheur!

ROSETTE ET RAPHAEL.

Il est d'une colère!
La fureur l'exaspère

[*] Ros. Dond. Cof. Raph.

Contre ce suborneur !
Redoutons un malheur !
(*Dondon sort.*)

SCÈNE XIX.

COFFIGNARD, ROSETTE, RAPHAEL.

COFFIGNARD, *laissant tomber sa bourriche.*
Que d'émotions !..

RAPHAEL, *bas, à Rosette.*
Rosette !..

ROSETTE, *bas, à Raphaël.*
Mais vous me compromettez, Monsieur.

COFFIGNARD *.
Comment, Glandureau, c'est toi !.. (*A Rosette.*)
J'aurais dû le reconnaître tout de suite... C'est
étonnant comme il ressemble à son père !.. (*Avec
émotion.*) Fils de mon ami, viens sur mon sein...
(*Il le serre sur sa poitrine.*) Bien !.. maintenant
sur celui de ma fille !..

ROSETTE, *vivement.*
Papa !..

COFFIGNARD **.
Ouvre tes bras, ma fille, pour qu'il s'y plonge.
Ne crains rien... je suis là... (*A Raphaël.*) Plonge !
(*Raphaël embrasse vivement Rosette à plusieurs
reprises.*)

ROSETTE, *se débattant.*
Monsieur... Monsieur...

COFFIGNARD.
Bien... bien... assez... trop... Tu plonges trop,
Glandureau fils...

SCÈNE XX.

LES MÊMES, SUREAU ***, *en Cauchois.*

SUREAU, *à la porte du fond, tournant le dos au
public et cherchant à fermer un parapluie
rouge.*
Présent.

COFFIGNARD.
Un second parapluie rouge !..

SUREAU, *au fond. Même jeu. Lançant sa bourriche.*
Et une bourriche !..

ROSETTE ET RAPHAEL, *à part.*
Sureau !.. Aïe !..

SUREAU, *toujours au fond, occupé à fermer son
parapluie.*
Attendez... papa beau-père...

COFFIGNARD, *l'amenant en scène.*
Arrive... Hein !.. ma seconde Cauchoise !..

* Ros. Cof. Raph.
** Ros. Raph. Cof.
*** Ros. Raph. Cof. Sur.

SUREAU.
Attendez... Je vas vous dire...

COFFIGNARD.
Oh' pas d'explications !.. Tenez, voulez-vous
connaître mon opinion sur votre compte? Vous
êtes deux saltimbanques... et je vous flanque à la
porte...

SUREAU ET RAPHAEL.
Monsieur Coffignard !..

COFFIGNARD, *à Sureau.*
Ne cherche pas à fermer ton parapluie... c'est
inutile... (*Avec désespoir.*) Me voilà sans Cauchoises... J'ai deux bourriches... et pas de Glandureau... Deux bourriches... et pas de Cauchoises...

DONDON, *en dehors..*
Par ici !.. par ici !..

COFFIGNARD.
C'est elle !.. c'est elle !.. la revoilà !

SCÈNE XXI.

LES MÊMES, DONDON, *suivie d'un commission-
naire qui porte une malle* *.

DONDON, *au commissionnaire.*
Là !.. déposez ça là ! (*Le commissionnaire sort.*)

COFFIGNARD.
Fille de Caux !.. viens dans mes bras !..

DONDON.
Vous m'embêtez !.. si j' venons ici, c'est pour
vous prouver que j' sommes Dondon... et une
honnête fille, entendez-vous?.. Tenez... v'là ma
malle... C'tte lettre qu'était dedans à votre adresse.

COFFIGNARD.
Ah! qu'ai-je lu !.. Glandureau, n'est-ce pas
couic-couic... et son fils est marié depuis trois
mois !..

RAPHAEL.
Marié !..

SUREAU.
Quelle chance !..

ROSETTE.
Quel bonheur !..

RAPHAEL ET SUREAU.
Tradéri... dera... (*Ils dansent l'un devant
l'autre.*)

COFFIGNARD.
Ils polkent !.. ils polkent !.. mais qui donc êtes-
vous à la fin?.. (*Raphaël et Sureau s'arrêtent
dans une position de Zéphire, un pied en l'air.*)

RAPHAEL.
Raphaël Brisemuche... commis-voyageur...

ROSETTE, *bas, à Coffignard.*
L'inconnu de Montmorency, mon papa...

* Raph. Ros. Cof. Dond. Sur.

COFFIGNARD, *criant*

Le jeune homme aux ânes!.. (*Il le repousse rudement.*)

SUREAU, *toujours en position.*

Athanase Sureau... apprenti pharmacien !..

COFFIGNARD.

Un apothicaire !.. Purge mon immeuble!.. (*Il le repousse aussi.*)

ROSETTE.

Mon père !..

COFFIGNARD.

Dondon... ouvre la fenêtre que j'y flanque ces deux polissons!.. (*Prenant une prise dans son cornet de papier.*) Nous allons voir, mes drôles...

RAPHAEL, *lui tendant sa tabatière* *.

Tenez, papa beau-père... en voilà du tout frais... pas de rancune!

COFFIGNARD, *à part.*

Ciel! ma queue de rat!.. (*S'élançant sur Raphaël.*) Donne-la-moi...

RAPHAEL.

Quoi?

COFFIGNARD.

Ta tabatière... je te la change...

RAPHAEL.

Contre votre cornet...

COFFIGNARD, *à demi-voix.*

Contre ma fille !..

RAPHAEL.

Hein !.. la voilà *"!..

COFFIGNARD, *à part.*

Je la tiens... la trace de mon crime est anéantie!.. (*Haut.*) Ma fille, je te donne le jeune homme aux ânes!..

ROSETTE.

Quel bonheur !

SUREAU.

Eh bien !.. Et moi?..

COFFIGNARD.

Toi... je te donne mon cornet... Dondon... emporte ces bourriches...

* Raph. Cof. Bos. Sur. Dond.
" Raph. Ros. Cof. Sur. Doud.

DONDON.

Oui, not' maître...

COFFIGNARD, *à Sureau.*

Nous mangerons la tienne... le jour du contrat... Peut-elle attendre?

SUREAU.

Tant que vous voudrez... (*A part.*) C'est de la paille.

COFFIGNARD, *à Raphaël.*

Et la tienne... le jour des noces!

RAPHAEL, *à part.*

Bigre!... ce sont des cailloux !

ENSEMBLE FINAL.

Air de la *Polka militaire.*

Vive la folie !
Politique, taisez-vous,
Amis, dans la vie,
Pour être heureux soyons fous.

DONDON, *au public.*

Air de la *Fée aux Roses.*

Pour cette œuvre légère
Craignant votre colère,
Ici j' viens en leur nom,
Accordez un pardon

ENSEMBLE.

Aux trois Dondon.

DONDON.

Pauvre fill' du village,
Dam... j'ai peur de l'orage;
Mais l'orage peut fuir,
Le beau temps va venir.

RAPHAEL.

Et pour faire cela

SUREAU.

Un bravo suffira.

DONDON, *reprenant.*

Le bruit le plus flatteur
Et l'écho le meilleur
Pour mon cœur,

ENSEMBLE.

C'est l'écho
D'un bravo !..

REPRISE DE L'ENSEMBLE.

FIN.

LAGNY. — Imprimerie de VIALAT et Cie.